AF283716

LOVE BOMBING

ExLibric

LORENA ACOSTA IGLESIAS
ILUSTRADO POR MAYTE R. CHAZARO

LOVE BOMBING

EXLIBRIC
ANTEQUERA 2024

LOVE BOMBING

© Lorena Acosta Iglesias y Mayte R. Chazaro

© de las imágenes de cubiertas e interior: Mayte R. Chazaro

Diseño de portada: Dpto. de Diseño Gráfico Exlibric

Iª edición

© ExLibric, 2024.

Editado por: ExLibric

c/ Cueva de Viera, 2, Local 3

Centro Negocios CADI

29200 Antequera (Málaga)

Teléfono: 952 70 60 04

Fax: 952 84 55 03

Correo electrónico: exlibric@exlibric.com

Internet: www.exlibric.com

ISBN: 978-84-10297-83-8

Depósito Legal: MA 2409-2024

Impresión: PODiPrint

Impreso en Andalucía – España

Nota de la editorial: ExLibric pertenece a Innovación y Cualificación S. L.

LORENA ACOSTA IGLESIAS
ILUSTRADO POR MAYTE R. CHAZARO

LOVE BOMBING

A Adalberto y Víctor.

Pero, sobre todo, a nuestra querida amiga Alejandra Ramírez Santos, quien nos enseñó qué es querer bonito.

All your soft wild promises were words.
Birds, endlessly in flight. [...]
Is there a moon in your window?
Is madness laughing?

JIM MORRISON, *Soft Wild Promises*

Índice

Érase una vez: la fábula de los ojos caídos 13

I 16
II 19
III 22
IV 25
V 28
VI 31
VII 34
VIII 37
IX 41
X 44
XI 47
XII 52

Érase otra vez: un merodeador negro 55

Érase una vez: la fábula de los ojos caídos

Mi sábana cubierta de ceniza,
ondean los restos de la libertad
rozada, en un minuto concebida.

¿Acaso la vulnerabilidad
profana el lecho?

¿La sangre *continúa* siendo roja
en cualquier otro mundo posible?

La vulnerabilidad está en los ojos
del que mira.

El amor tiene los ojos caídos.

A la niña le cuelgan lagunas de los ojos.
Pendiente el relente de la mañana
en la mirada, la niña aguarda su pátina
embarrada.

Tirantes pendulan sus luceros
en el suspiro.
Destilan sangrantes cuencas,
de un tirón supino encajada ya
la mirada sobrante.

I

Su frente arrugada como un papel de fumar.
Transpiran sus sueños en una fiebre intensa.
Se transforman en gotas que rasgan el semblante.
Siempre perdido en cualquier horizonte,
se paraliza en su sonrisa ahogando el momento.

¿Qué hará entonces cuando exhale el aire
en la última carcajada?

Alimentarse de edificios,
de las ventanas en los otros.

Tranquilo como un sorbo,
así acumula su charco.

De orillas clama, mas su ola no llega,
alcanza siempre la luna y no la deja libre,

allá en *su* horizonte.

En sus brazos rezuma la luz,
atrapada ya como una bombilla.

Una lucidez que lacera.
    Tal vez por apretarla tan fuerte,
    el pecho le luce como un faro.

Deslumbrándose se pierde,
alumbrando se encuentra.

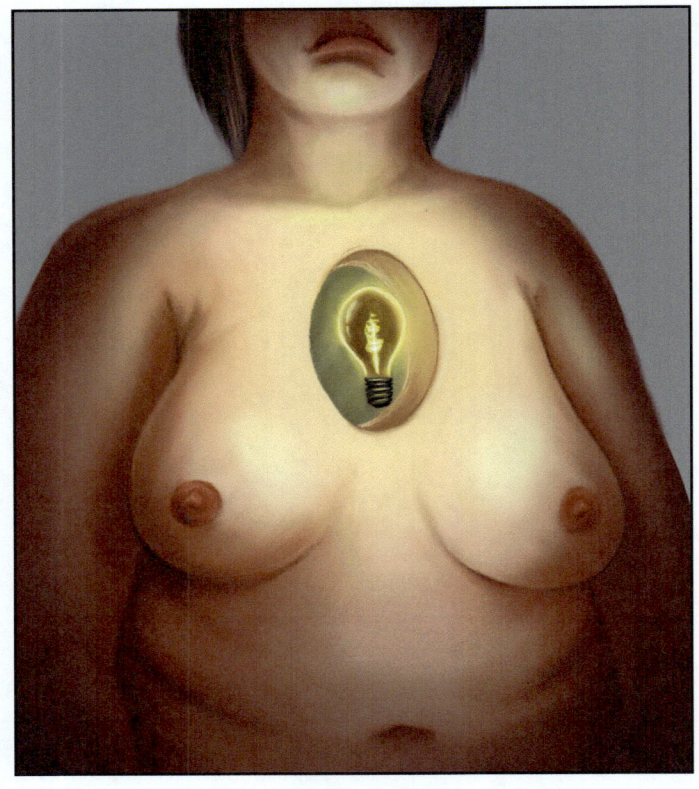

II

Su desnudez esbelta,
como de un brochazo,
simula su ser tranquilo,
reposado sobre su propio peso
                              de pluma.

Y así caen sus palabras
sobre mi terremoto.
Sus caricias en mis oleajes.
Su mirada limpia como un cristal,
que a trasluz hace de espejo,
y me deslumbra,
                    —no quiero apartar la mirada.
                    —No verlo no significa que no exista,
                                              me repito.
                    —Sé que detrás...

Detrás continúa su sonrisa,
límpida como un manantial,
sin necesitarse más que en lo que posee:
su cuerpo como una nada, y ésta como una fuerza
que, sin ser empujada, le mantiene en vilo,
levitando,
sin rozamientos, callado sonriendo,

con las palabras claras,
    honestas,
    tranquilas,
    sin discurso,
    pero hondas, cada una de ellas con
la gravedad   de un mundo a sus pies, sin
dominación, sino   con la delicadeza de
quien se sabe camino.

Después comprendo que mantener mi mirada
—mantenerle en mi mirada—
me calma como una lluvia,
me arropa en el hogar que llevo
desde siempre a cuestas,
y entonces el olor de lo familiar
vuelve a ser reconocido
   en lo que siempre aguardó allí amenazante.

III

Palabras
como si
parapetos
fueran.

El Encuentro escondido
tras el velo ~~del~~ sentido.
Prismático túnel
del deseo inhibido.
Quicio desbocado
de la expresión prohibida.

Explicación traicionada.
Reverbera la sensación perdida.

Ya anhelada.

¿Dónde estás?
Inundada en el poso,
sólo atisbo tu contorno.
Con los dedos hendidos en tu vientre,

acaso rozo tu alma
y sólo entonces se deshincha
la burbuja que nos estrecha.

Luna, tu luz te rehúye,
mi mirada se torna insaciablemente
tu tarea.

[...]

*Nosotros
sin palabras
nos comprendemos,
nos arropa la piel
y la nana de lo inexplicable.

IV

Un silbido en la noche
como señal del viento
que se cuela entre las rendijas,
así eres en mí.

Un suspiro que olvida el cansancio,
cargado de ilusión,
como una bala perdida.
Así me veo en ti.

En tu sonrisa no hay mediación.
Sólo un florecer tranquilo,
sin semillas, sin retornos,
sin marchitos alambiques.

Tal vez el amor sea la pérdida del uno,
más que su búsqueda.
La disolución, más que el constructo.
Soltar lastre con los brazos extendidos,
y no labrar el armazón prohibido
de la vida compartida.

Tal vez el amor sea la palabra
que, sin pensarla,
rueda por mi espalda
y te contuvo en ese instante.

Podría ser un recogimiento sensato
en el cual no resta la continuidad.
Un rozamiento que elude
la fuerza del pensamiento,
y en el vacío se atrae sin *télos,*
ser la pura nada sin determinaciones
en tus brazos mecida.

Tal vez, el amor perdido
de uno, más que
su búsqueda.

V

Amor desplazado
como las fuerzas
de la cintura
a los pies ~~contenidas~~
            contraídas.

Rota la piedra
incluso en su caída,
leve transformación,
ternura oprimida.

Mirada aterida
busca cielo
salpicada de sus
muros de cristal.
Cascadas quieren ser
y estancas lagunas
resisten.

Nos separa el
tragaluz, ese
mismo que nos
ofrece la mirada
del otro.

Qué inútil fuerza
se torna el amor
entonces.

Y la ternura del abrazo
se hace minúscula
                    rendija.

Y mi deseo, atenazado
en esa mirada tuya de horizonte,
cuánto quisiera estrellarse
entre esa jaula de cristal,
el vacío y tu mirada.

Y entonces el camino sería
sólo verbo.

VI

Se rompieron las grietas entre
y callejones surcaron a través.
Los pies atropellados
a tientas sigilan
el recorrido del otro.
Buscándose
a ciegas
con el oído
en el corazón.
Bombea la piel
terciopelo des-gajado
en tiras de mordiscos.
Sudor entre los dientes
encuentro dentro de tu vientre,
entre los entresijos
sorbo tu sangre.
Y tú la mía.

Se suben las paredes.

Tiemblan las uñas
alrededor del ombligo,
y a raíz de.
Somos
imbricados
por un no-tiempo.
Uno.
Y en un
no-ahí
palpitamos
suspendidos
en el azul.

LOVE BOMBING

VII

Quiso ser
sombra, la luz
atenazada entre
sus palmas,
            y quiso ser
            sombra.

Quiso ser
viento, susurrada
minúscula partícula,
                y quiso ser
                viento.

Quiso ser
horizonte, agazapado
entre la luna y el deseo,
                y quiso ser
                horizonte.

Quiso ser
hacia todas direcciones,
quiso ser
calmada agua profunda,
quiso ser

prístina palabra, fugaz,
mortecina,

>*y quiso ser*
>*verbo.*

Oblicua la razón,
quiso ser
punto de fuga,
escapista,

>*y quiso ser*
>*morada.*

El hogar entre los dientes,
su suspiro se mimetiza
con el viento que le arrastra.
El hogar-entre,

>*y quiso ser.*

Porque primero fue el permiso,

>*y luego la vida.*

Porque primero fue arrojado punto,
vertiente contenida,

>*y luego línea*
hacia todas direcciones

>*partida.*

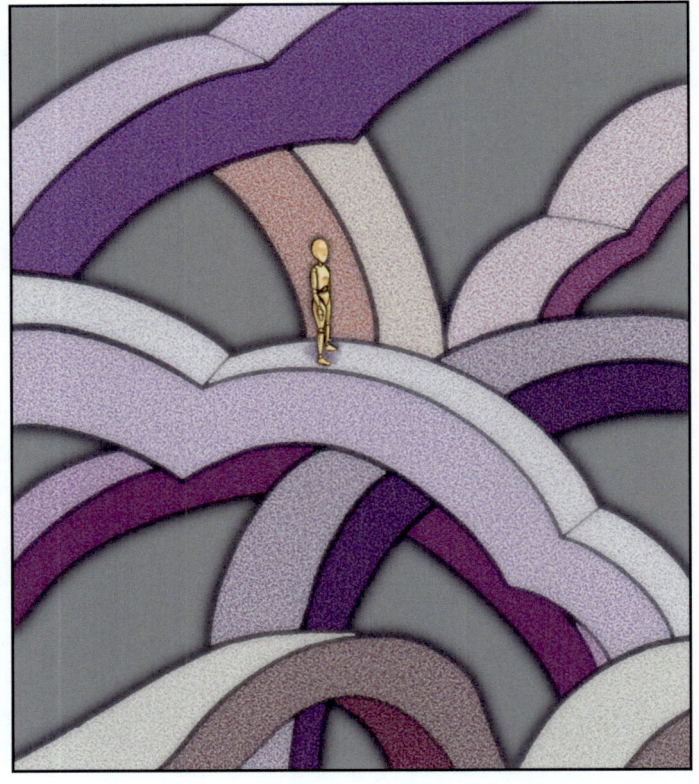

VIII

Fuiste
sueño
prohibido.

Furia
contenida.

Fuiste
olvido.

Entre neblinas
toqué tu rostro.

Tus pensamientos
cortinas,
seda de piel
rozada,

luz-contra.

Ciegamente
suspirada
fui contigo.

Instante
cristal
cortante
acontecimiento
viscoso
molusco
de un manotazo
al otro lado
de la concha.
Boca arriba
tendidas
las manos
siniestro
techo
fondo
minúsculo
horadar
de rata
estómago
siempre
estomacal
amor sibilino.

Proyectada lanza
aquella que nos unía
y atravesaba.

Fuiste
sueño prohibido.

Fuiste
olvido.

Una calavera
rebotante,
mi dulce calavera
en beso tenue
callada.

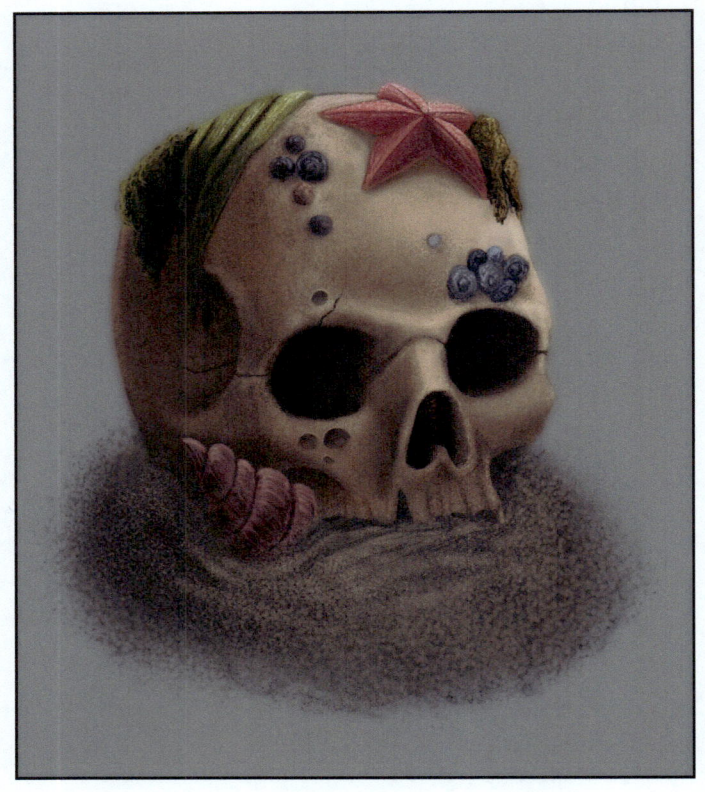

IX

He llorado tu muerte

frente
a frente,

rozando tus pómulos,
cristalina mirada
cuajada en la repetición.

He llorado tu muerte
desgajada
infinitamente
tras la ventana,
postrada en la cama,
desangrada sábana
en el túnel
partida.

He saboreado
tu
latido
esperando tu muerte
en el suspiro
acompañado.

He traspasado al otro lado
a buscarte
para devolverte
parte a parte
y allí me miré
detrás de la cascada.

He llorado tu muerte
penetrándome,
horadándome,
la posibilidad oscura,
siniestra ala
abierta
tras la sombra.

No te ~~mueras~~
       mates
si ya estás muerto   [*¿no es lo mismo querer*
                        morirse que matarse,
acaso?].
Es el secreto
de la libertad.

En la caída del vacío,
las manos de Dios
[*silencio*]
te atrapan.

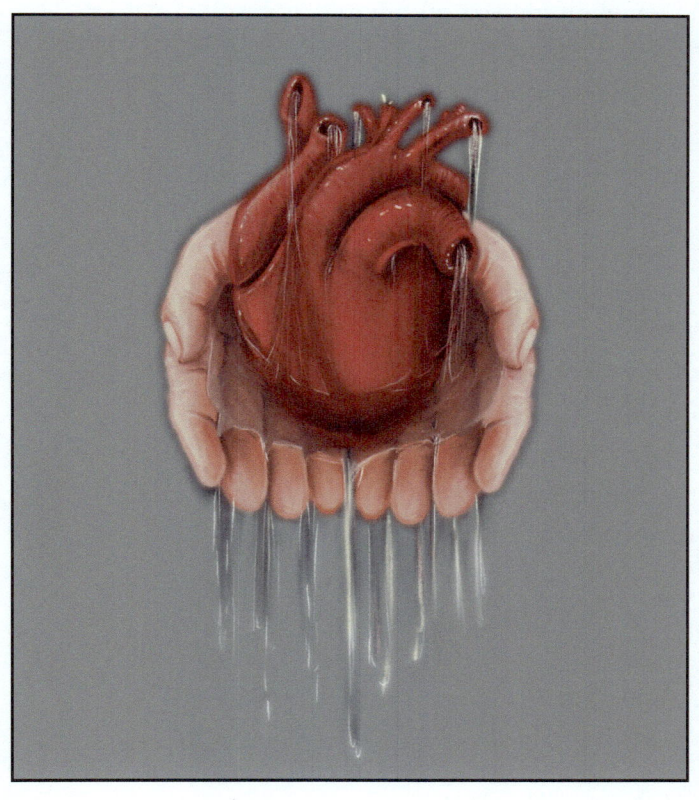

X

Tu recuerdo se deshace
en el plástico de mi mirada.

El calor condensado,
minúsculas partículas
de tu sonrisa
suspendidas
en tus palabras,
recogidas en el bálsamo.

La memoria asfixiada
por la necesidad
de continuar,
simulando tu ausencia
presente en todas las cosas.
Pliegues del mundo
asomados frente a frente
a ti
sin alma,
fósiles
que nadie más ve
y yo misma
me resisto
en el espejismo.

Clavada en la tierra
balanceo mis brazos
hacia la dirección
del eje.

Y cuando caigo
es un paso más,
y cuando permanezco
todas las espirales
se empeñan
en absorberme,

absolverme
de mi visión.

XI

En el cenagal de tus labios
me mastico,
yaga supurante,
purulento suspiro,
astillada lanza
me plica,
me contiene
allá en el lodo
de tus dientes.

—Masticada emoción.

Lo que un día fue
superficie,
lago
tranquilo,
ondeando
un guijarro
como música,

hoy es su
hundimiento
perdido,
minúsculo
horadar
la rata
en
el
estómago,
alimento
prestado,
sacrificial
ofrecimiento.

Flota ya
el hondo
subsuelo,
cadavéricas
sombras
confundidas
con el lodo
asoman
brillantes
ante el lacado
negro en que te busco,
en que toco tu rostro,

en que te alcanzo
sorteando las yemas
de los dedos,
tus ojos
caídos
entre mis manos
como ofrenda.

La sombra creciente
se cierne, entonces,
entre mis párpados,
alcanzo, sí,
tu mirada perdida,
arrancada, ofrecida,
sólo cuando la luz
deja de atravesarla.

El ancho mar
se abre entonces,
se confiesa
asesino,
el poso me cubre
y la rata asciende,
parte a parte,
mi cuerpo,
minado a túnel,

pasadizo,
y se abre paso
hasta la huida
replegada
en las olas
que me balancean
trasmutada
en un sólo
punto.

XII

Respiro tras la losa.

Anquilosada en el agujero
del que me cejo,
en cada silbido
me deshago.

La música de mi cesión serena
aplaca la lástima que infrinjo.

No llego ni al animal
que me atiende.

En un reverso suspirado,
casi el postrero
aniquilador que no cía,
allá sostenido...
De un golpe, me salgo
de la morada viscosa
donde cual molusco
me agarro a sus extremos,
y ya resta delante de mí
aquella concha vacía.

Eco minado del fulgor pasado.

Hilvanada sin mirarme me hallo,
que más que un nudo trasquilado ni soy.

Érase otra vez: un merodeador negro

Negra, negros zapatos, cabello negro.
Te detuviste allí,
detenido vértice.

En la punta lejana,
afianzando piedras, aire,
todo ello, al unísono.

SYLVIA PLATH, *Hombre de negro*

Caíste entre mis palmas,
el cigarro
y la promesa.

Tus alas extendidas
como el crucificado,
el cuerpo amoratado,
tu negra seda
vertiéndose
por todo el habitáculo
que rodeaste.

No se reconoce qué fuiste,
aun podría un merodeador
negro ser
en el pelo susurrando,
hilando tus promesas,
repartiendo las cartas
sin darles la vuelta.

Aún te estremeces
simulando el dolor
del mundo intermitente.

Si te clavo en mis pensamientos,
te imagino de nuevo volar.

El zumbido me da vueltas,
abro la boca y en mi lengua
dormitaste
—el cigarro partido
en la mano equivocada—
y de nuevo naces,
otra vez intermitente,
estremecido,
de mi boca,
entre mis dientes,
al soplo en mi nuca.